我要更出色

孩子国 ★ 优秀成长系列

我不搞破坏

如何学会爱惜物品

【美】琼·贝利 / 著

自我约束
提升篇

让孩子对自己的成长负责

孙莉莉

南京师范大学教科院儿童图画书研究中心特聘研究员

中科院心理所继教院副教授

现代家庭教育的难题，在很大程度上来自于对旧有价值观念的打破。当我们有着相对单一且普遍认同的价值标准时，我们知道什么叫成功，也知道想要获得成功可以采用哪些办法。然而，随着价值观的不断多元化，今天的我们越来越不清楚什么叫做真正的成功，我们再也不可能信心满满地说出"棍棒底下出孝子"的古训。我们开始关注儿童当下的发展，理性和感性共用地来思考儿童权利、童年价值、亲子关系。**我们想做能够与孩子平等对话、共同成长的民主型家长**，但又发现，这样做所要付出的时间和精力，要比以往单方面的说教、强制多得多。

所幸越来越多的年轻父母乐意为孩子的幸福童年，而不仅仅是远大前程，付出时间和精力，他们努力地在育儿书籍、网络平台、线下课程中寻求着育儿的"千金良方"。可无论是充满激情的"教育唤醒心灵"，还是行之有效的行为塑造，摆在年轻父母面前的难题常常还是自己的一厢情愿和孩子的无动于衷。似乎父母的努力学习和实践，并不能真正地带动孩子主动成长。**在这里，我们似乎忘记了，孩子并不是一个被动等待唤醒或者塑造的"乙方"，而是一个有能力的学习者，一个应该并且能够对自己的成长负责任的行为主体。**

被美国学者出版社（Scholastic）称为**"最懂孩子"的美国儿童发展专家琼·贝利**相信：**世界上大多数问题的根源是不负责任的人。**这些人会给自己和他人带来麻烦甚至伤害。解决儿童教育问题，首先应教会孩子对他们自己负责，对他们与别人的关系负责，对环境中他们与事物发生关联的行为方式负责。

那怎样才能让孩子成长为一个负责任的个体呢？琼·贝利认为，首先应该让孩子意识到：**他们是根本上对自己的人生负责任的人，即便他们并不是总能掌控发生在他们身上的事，但他们仍然可以掌控应对这些事情的态度和方法。**

其次，孩子需要掌握一些"应该学习的生活技能"。琼·贝利将孩子那些令人感到烦恼的行为定义为孩子"应该学习的生活技能"，比如懒惰、丢三落四、邋遢、浪费、爱哭闹、说谎、自私等等。她认为孩子应该学习什么生活技能，取决于此项技能是否与孩子频繁遭遇的问题相关，此项技能是否对孩子很重要。而只有当孩子对这项技能产生需要或兴趣，或者置身于这样的环境中时，才是最佳的学习机会。如何让孩子感觉需要并进入情景呢？不能单向地说教，而应将孩子视为一个问题的诉求者和解决者。首先协助孩子来定义需要解决的问题，然后解释这个问题是如何影响他/她以及周围人的，最后提供清晰明确的指导，帮助孩子把问题从他/她生活中的消极因素转变为积极因素。

琼·贝利致力于**教会孩子如何思考，而不是思考什么**，她认为这样孩子才能智慧地生活。在她出版的书中，她力求所有呈现的主题必须尽可能客观，以激发孩子在阅读的过程中不断去思考和发问，勇于表达自己的观点，并用自己的方式去联系自身的实际生活。

这就是我们看到的畅销美国的亲子共读丛书"我要更出色·孩子国优秀成长系列"。在这套书里，琼·贝利甄选了29种孩子亟需了解的"应该学习的生活技能"，它们不是补救问题的创可贴，而是用以引发孩子阅读、思考和讨论的"材料"。**每一位小读者都被定义为有能力的学习者和问题的解决者，孩子不再是被教育的客体，而是实现自我教育、自我成长的主体。而以往饱受说教者身份之苦的家长，也可以在这套书中反思自己，实现和孩子共同成长的愿望。**当家长和孩子共同思考和讨论书中出现的每一个问题，敏锐地、智慧地、有责任感地去衡量面对问题的态度和方法时，我们相信，无论是家长还是孩子，都可以在对话中实现自身的完善，成长得更加出色，成为对自己、他人乃至世界负责任的人。

本书最具特色之处

★ 最全面、最具指导性的，从儿童心理出发的行为分析书。

★ 首次全方位、多角度解析普遍不受欢迎的儿童行为。

★ 采用孩子最喜欢的沟通方式，并配以情景漫画。

★ 分步解释每种行为是什么，为什么产生，对他人有什么影响，如何解决。

★ 教会孩子——如何思考，而不是思考什么。

★ 引导孩子——变被动教育为主动改善，懂得对自己的行为负责。

★ 激发孩子同理心，帮助他们实现主动换位思考。

感谢你
选择了这套书

琼·贝利（本书作者）

非常高兴你选择了这套有趣的、好玩的图书，它能帮助你的孩子学会与他人愉快地相处，并适应这个社会。孩子需要通过学习让自己的行为更优秀，但是他们往往过于心切，效果很差。他们不了解自己天生具有"以自我为中心"的行为特征，以及这些行为特征会给他们和别人带来不利的影响，从而产生挫败感。

本书最有效的使用方法

★ 希望无论您多忙，都要与孩子共读，才会有意想不到的收获。

★ 最好自己先浏览一遍，并在阅读前跟孩子讨论相关话题。

★ 每次选择孩子当前最容易接受的一个主题阅读，尽量与孩子近期的生活相关。

★ 当孩子理解并接受了书里提出的建议，要及时给予表扬。

★ 当孩子感到压力大，过度疲劳或心情不好时，请停止阅读。

★ 不同的主题可以请不同的人来读，可以是爸爸妈妈，也可以是老师。

★ 使用本书后，孩子有明显进步或主动表达自己的意见时，要给予表扬。

★ 书后设计了游戏奖励，让孩子在愉快轻松的氛围中结束阅读，收获成长的喜悦。

这套书，完全是遵循儿童发展规律来设计的，能够帮助孩子养成良好的行为，从而帮助孩子找到自信，建立良好的社会关系，健康地成长！相信，阅读这套书也会帮助你创建一个更和谐、更愉快的家庭氛围。谢谢你，你的阅读是我继续努力的动力！

Joy Berry

zhè běn shū shì guān yú xiǎo nán hái lái ní de

这本书是关于小男孩莱尼的。

dú yi dú tā de gù shi　　wǒ men yī qǐ lái tán yi tán guān yú

读一读他的故事，我们一起来谈一谈关于

pò huài dōng xi de shì qing ba

破坏东西的事情吧。

3

dāng yǒu rén zhè yàng zuò shí　　hěn kě néng shì zài gǎo pò huài

当有人这样做时，很可能是在搞破坏：

bǎ dōng xi nòng huài

★ 把东西弄坏。

bǎ dōng xi nòng de luàn qī bā zāo

★ 把东西弄得乱七八糟。

rú guǒ bǎ bié rén de dōng xi nòng huài le　　jiù yào shì zhe bǎ tā xiū

如果把别人的东西弄坏了，就要试着把它修

hǎo　　rú guǒ zì jǐ xiū bù hǎo　　kě yǐ qǐng rén lái bāng máng

好。如果自己修不好，可以请人来帮忙。

如果弄坏的东西修不好了，那就要想办法赔偿。

rú guǒ bǎ dōng xi nòng de luàn qī bā zāo de　　nà jiù xū yào bǎ tā

如果把东西弄得乱七八糟的，那就需要把它

men qīng lǐ gān jìng

们清理干净。

11

有时候，一些人因为想知道一件东西是什么，它是如何工作的，可能会把东西破坏掉。

为了避免破坏东西，可以这样做：

★ 在摆弄它之前先问问别人，了解它是什么，它是如何工作的。

yǒu shí hou yīn wèi yī xiē xiǎo de yì wài yě kě néng huì ràng rén
有时候，因为一些小的意外，也可能会让人
pò huài dōng xi
破坏东西。

wèi le bì miǎn yì wài pò huài dōng xi kě yǐ zhè yàng zuò
为了避免意外破坏东西，可以这样做：
zhuān zhù yú zì jǐ zhèng zài zuò de shì qing
★ 专注于自己正在做的事情。
xiǎo xīn de bǎi nòng dōng xi
★ 小心地摆弄东西。
zhōu wéi yǒu yì suì de wù pǐn shí yào duō zhù yì
★ 周围有易碎的物品时要多注意。

15

有时候，因为对事情不在乎，也可能会让人破坏东西。

为了避免破坏东西，可以这样做：

★ 理解并意识到身边的事物都是重要的。

★ 尽量去珍惜它们。

有时候，因为生气或者难过，也可能会让人破坏东西。

为了避免破坏东西，可以这么做：

★ 在生气的时候，不要去摆弄那些容易损坏的东西。

为了避免破坏东西，还可以这么做：

★ 不要去爸爸妈妈不让去的地方。因为那里可能会有一些容易被打破或毁坏的东西。

21

为了避免破坏东西，还可以这样做：

★ 不要去碰爸爸妈妈不让碰的东西。因为它们可能是一些容易被打破或毁坏的东西。

你如果没有听爸爸妈妈的提醒而破坏了东西，
可能会受到惩罚。这种惩罚是为了让你明白，
你需要学会判断和听取他人的提醒和劝告。

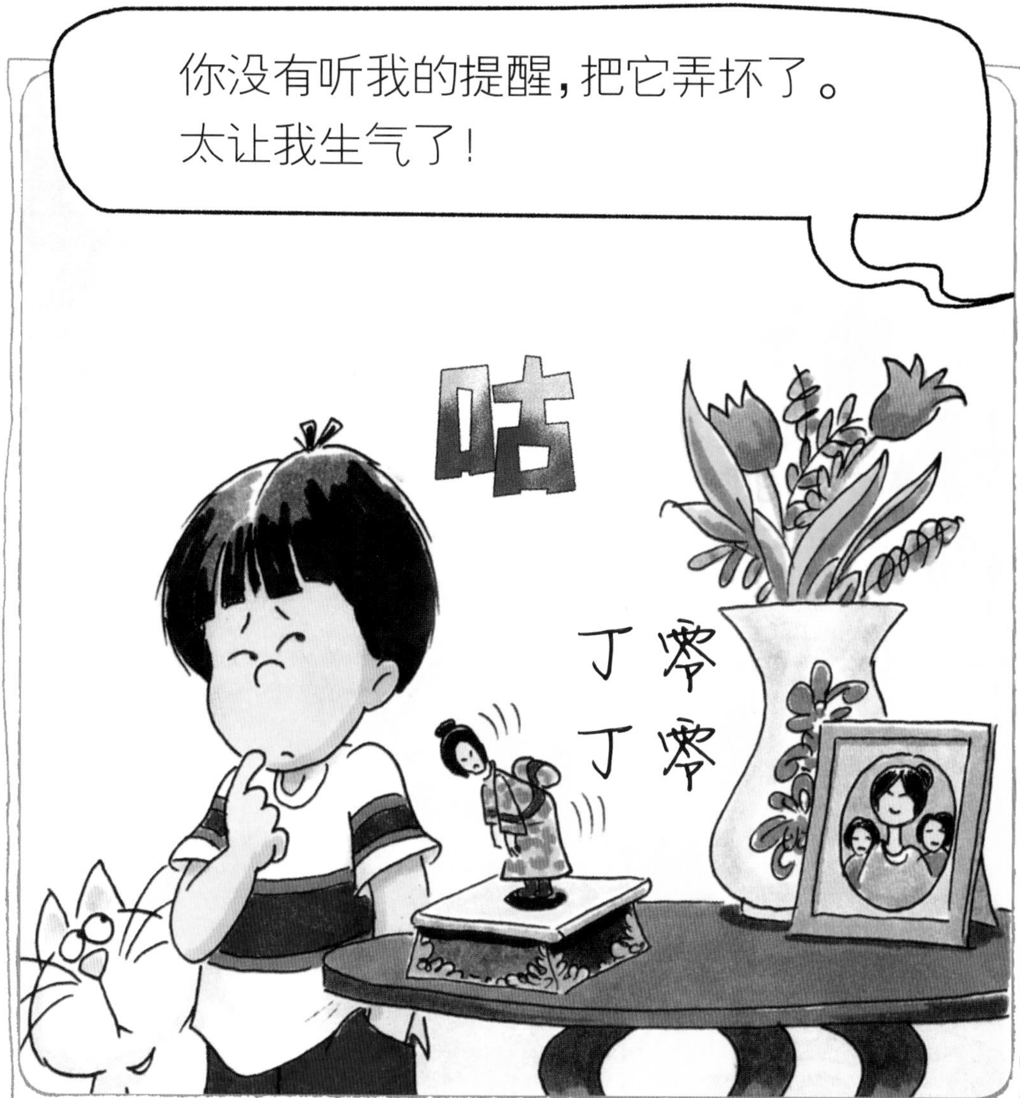
你没有听我的提醒，把它弄坏了。
太让我生气了！
咕
丁零
丁零

如果因为不在乎而破坏了东西，你也可能会受到惩罚。这种惩罚是为了让你明白，你需要珍惜自己周围的东西。

如果是故意去破坏东西，你一定会受到惩罚。这种惩罚是为了让你明白，你不应该故意这样做。

破坏东西不但会让你苦恼，也会让你周围的人苦恼，所以请不要这样做。

我要更出色
优秀行为29天养成计划

亲爱的孩子，今天读完这本书，请试着自己回答三个问题：

1. 如果不小心弄坏了别人心爱的东西，你会怎么做呢？
2. 如果别人故意弄坏了你心爱的东西，你会怎么做呢？
3. 为了避免破坏东西，你有什么更好的办法呢？

请想一想，你要如何回答上面三个问题，也可以同爸爸妈妈来讨论一下你的想法。
希望你能在思考和讨论这些问题的过程中，更注意维护整洁的环境，也更加爱惜物品！

更快乐，更出色

爱惜物品，要从谨慎小心做起。希望你的行为更加优秀，成长得更为出色。今天的
好心情就由下面这个游戏——找不同开始吧！一共有五处不同哦！

答案：① 左侧的积木盒；② 箭头右侧的水珠；③ 男孩的鞋带；④ 女孩身后图片上的画；⑤ 熊的眼睛